따라 쓰기만 해도 마음의 키가 한 뼘 자라는

# 아이의 어휘력을 위한 66일 필사 노트

**김종원** 지음 | **하꼬방** 그림

데이스타

오늘보다 내일 더
근사한 어린이가 될

................................ 에게

## 🍀 프롤로그 🍀

## "마음의 키가 큰 어린이의 하루는
## 반짝반짝 빛납니다."

　여러분은 작년의 내가 어떤 모습이었는지 기억하나요? 지금보다 키도 더 작고, 장난도 더 많이 치고, 실수도 더 많이 했을 거예요. 하지만 지금의 나는 작년의 나보다 훨씬 더 키도 컸고, 더 의젓해졌죠. 그건 여러분의 몸이 계속해서 자라고 있기 때문이에요.

　그렇다면 여러분의 마음은 어떤가요? 잘하고 싶은데 잘되지 않을 때, 듣지 않고 자기 말만 하는 친구를 대할 때, 엄마 아빠에게 서운할 때 여러분은 어떤 마음이 드나요? 그리고 그런 마음을 어떻게 표현하고 있나요?

　여러분은 잘 느끼지 못했겠지만, 키가 자라는 동안에는 여러

분의 마음도 함께 자란답니다. 기쁠 때, 행복할 때뿐만 아니라 속상하고 화날 때에도 내가 느끼는 감정을 잘 받아들이고 부드럽게 표현하는 방법을 배우면서 여러분의 마음도 함께 자랍니다. 그러기 위해서 필요한 가장 중요한 힘을 '어휘력'이라고 해요. 내 생각과 감정을 정확하게 표현할 수 있는 단어들을 많이 알면, 그만큼 여러분은 마음의 힘이 단단한 어린이가 될 수 있어요.

따라 쓰기, 즉 필사는 어휘력을 기르고 여러분 안에 있는 가능성을 모두 꺼내기 위해 꼭 필요한 습관이에요. 예쁜 말, 단단한 말을 따라 쓰다 보면 글 속에 있는 반짝이는 가치가 내 안에 고스란히 전달되거든요. 몸이 건강하려면 영양가 있는 음식을 많이 먹어야 하듯이, 마음이 건강하려면 단단하고 예쁜 말을 많이 읽고, 써 보아야 하죠.

이 책에는 여러분의 마음의 키를 한 뼘 자라게 해 줄 수 있는 66가지 말을 모아 두었어요. 나를 사랑하게 해 주는 말, 슬프고 화날 때 나에게 들려주는 말, 친구와 사이좋게 지내게 해 주는 말, 행복하고 즐거운 하루를 보내게 해 주는 말, 내 안에 있는 힘

을 발견하게 해 주는 말, 무엇이든 해낼 수 있게 해 주는 말을 매일 한 장씩 또박또박 따라 써 보세요. 따라 쓸수록 자신감도, 희망도, 꿈도 자라날 거예요.

 필사를 하다 보면 '생각 연습' 페이지를 만나게 될 거예요. 필사를 하는 이유는 결국 스스로 다채롭게 생각하고 표현하는 어린이가 되기 위해서니까, 이 페이지를 만나면 글을 읽고 드는 나만의 생각을 스스로 써 보도록 해요. 이 연습을 통해서 내가 어떤 사람인지, 어떤 생각을 하고 있는지 정리하면서 알아갈 수 있을 거예요.

 그렇다면 왜 66일 동안 매일 써야 할까요? 어떤 행동이 습관이 되려면 적어도 66일 동안은 반복해야 해요. 66일 동안의 필사를 끝내고 나면, 여러분에게 글쓰기가 즐거운 습관으로 자리 잡을 거예요. 이 책을 하루 한 장씩, 매일 따라 써 보세요. 더 많이 읽고, 더 많이 표현하고, 더 많이 적고 싶어질 거예요. 그리고 여러분의 세상은 더 넓고 깊어질 거예요.

 우리 함께 66일 동안의 필사를 시작해 봐요. 여러분의 매일매

일을 언제나 응원하고 있을게요.

"내게는 분명 좋은 일만 생길 거예요.
나는 오늘보다 내일 더 빛날 거예요.
내가 그렇게 믿고 있으니까요.
나는 내가 꾸는 꿈의 크기만큼
근사한 어린이로 자라날 거예요."

김종원 드림

## 차례

 **나를 더 사랑하게 해 주는
예쁜 말 11**
**자존감**

01  나는 참 괜찮은 사람이에요 · 18
02  나는 스스로 생각할 수 있어요 · 20
03  나는 지금 이대로 충분한 사람이에요 · 22
04  내 몸을 깨끗이 할 거예요 · 24
05  다정하고 예쁜 말을 나에게 들려줄 거예요 · 26
06  나는 불평보다 소중한 것을 찾아요 · 28
생각 연습  나는 어떤 사람인가요? · 30
07  내가 나를 어떻게 생각하는지가 중요해요 · 32
08  내 생각을 당당하게 말할 수 있어요 · 34
09  나는 세상의 가치를 발견하고 싶어요 · 36
10  세상에 빛나지 않는 별은 없어요 · 38
11  나에게 용기를 심어 주고 싶어요 · 40
생각 연습  나는 내 인생의 작가예요 · 42

## 2장 슬프고 화가 날 때 나에게 들려주는 씩씩한 말 11

 감정

12  화가 날 땐 마음을 도화지에 그려 봐요 · 46

13  나는 눈물을 닦고 일어설 수 있어요 · 48

14  나는 분노를 거절할 수 있어요 · 50

15  단어 하나만 바꿔도 기적이 일어나요 · 52

16  실수했을 때 나를 먼저 다독여요 · 54

17  걱정이 너무 많다면 오늘을 생각해요 · 56

생각 연습  나의 감정 주머니를 키워 주세요 · 58

18  '틀리다'와 '다르다'는 달라요 · 60

19  포기하고 싶을 때 한 번 더 기회를 주세요 · 62

20  결과가 실망스러울 때 이렇게 말해 봐요 · 64

21  혼자라는 생각이 들 때 이런 말로 위로해요 · 66

22  화를 온몸으로 표현하지 않아요 · 68

생각 연습  잘하고 싶은데 마음처럼 되지 않아요 · 70

## 3장 친구와 사이좋게 지내게 해 주는 우정의 말 11

관계

23  사이가 좋아지는 말을 친구에게 들려줄 거예요 · 74
24  오직 친구만 할 수 있는 일이 있어요 · 76
25  친구의 험담을 하고 싶을 때 이런 말을 읽어요 · 78
26  친구가 나를 괴롭힐 때 마음을 다스리고 싶어요 · 80
27  친구를 칭찬하면 내가 먼저 기뻐요 · 82
28  내가 먼저 웃으며 인사할 거예요 · 84
[생각 연습] 놀이 시간이 더 행복해지는 말이 있어요 · 86
29  1분 말하고, 2분 듣고, 3분 생각해요 · 88
30  친구가 나를 싫어하는 것 같아 속상해요 · 90
31  다른 사람의 평가보다 더 중요한 것이 있어요 · 92
32  마음에 들지 않는 친구가 있을 때 되새겨요 · 94
33  언제든 좋은 사람, 좋은 책과 대화해요 · 96
[생각 연습] 약속을 잘 지키는 것이 왜 중요할까요? · 98

## 4장 행복하고 즐거운 하루를 보내게 해 주는 다정한 말 II
### 태도

34  오늘은 나에게 주어진 선물이에요 · 102

35  매일이 근사해지는 마법의 말이 있어요 · 104

36  하루를 아름다운 정원으로 바꿀 수 있어요 · 106

37  세상에서 가장 강한 마음은 다정함이에요 · 108

38  엄마, 아빠에게 들려주고 싶은 말이 있어요 · 110

39  내일을 기대하며 이렇게 말해요 · 112

생각 연습  하루를 시작하는 멋진 태도를 길러요 · 114

40  사소하지만 가장 중요한 일이 있어요 · 116

41  어리석은 사람과 지혜로운 사람은 이렇게 달라요 · 118

42  관점을 바꾸면 다르게 보여요 · 120

43  '별것 없네'를 '뭔가 있네!'로 바꿔 보세요 · 122

44  "몰라요"라고 답하고 싶을 때 생각을 깨워요 · 124

생각 연습  언젠가 나만의 예쁜 꽃이 피어날 거예요 · 126

### 5장  내 안에 있는 힘을 발견하게 해 주는 빛나는 말 II

가치

45  때때로 혼자서 가만히 생각할 수 있어요 · 130
46  나는 이 세상에 꼭 필요한 소중한 존재예요 · 132
47  해야 하는 일을 먼저 할 거예요 · 134
48  세상을 더 잘 이해하게 해 주는 말이 있어요 · 136
49  천천히 걸어도 괜찮아요 · 138
50  가치를 발견하게 해 주는 말이 있어요 · 140
생각 연습  평범한 하루에 행복을 더해 보세요 · 142
51  나는 성장의 씨앗을 품고 있어요 · 144
52  남들이 뭐라고 하든 내 생각을 펼칠 거예요 · 146
53  세상을 바라보는 좋은 안경이 있어요 · 148
54  오늘 나의 기분을 말로 정해요 · 150
55  뜻밖의 선물을 받게 되는 말을 써요 · 152
생각 연습  지쳤거나 걱정될 때 힘이 나는 말을 읽어요 · 154

## 6장 무엇이든 해낼 수 있게 해 주는 성장의 말 II
### 가능성

56  나는 끊임없이 배워요 · 158

57  시험은 높은 점수를 받으려고 보는 게 아니에요 · 160

58  시험 점수에 마음이 흔들릴 때가 있어요 · 162

59  말이 아닌 행동이 중요해요 · 164

60  성취감은 무엇과도 바꿀 수 없는 기쁨을 줘요 · 166

61  공부는 세상에서 가장 진실한 친구예요 · 168

생각 연습  우선순위를 알고 행동으로 옮길 수 있어요 · 170

62  나는 나만의 길을 잘 찾아가고 있어요 · 172

63  세계 최고의 요리는 어떻게 만들어질까요? · 174

64  책 읽는 시간만큼 소중한 것이 있어요 · 176

65  후회는 세상에서 가장 큰 낭비예요 · 178

66  좋은 선택을 하려면 늘 생각하고 있어야 해요 · 180

생각 연습  내 하루를 성장하게 하는 말이 있어요 · 182

# 나를 더 사랑하게 해 주는 예쁜 말 11

## 자존감

**01**

## 나는 참 괜찮은 사람이에요

좋은 일은 항상 있어요.
오늘도 어떤 좋은 일이 생길지 기대하고 있어요.

나는 참 괜찮은 사람이에요.
언제나 주변 사람들을 배려하거든요.

나는 섬세하게 말하고 행동해요.
내 주변 사람들을 따뜻하게 해 주고 싶어요.

- 배려하다: 도와주거나 보살펴 주려고 마음을 쓰다.
- 섬세하다: 곱고 가늘다.

**하루를 시작하거나 마무리하면서, 이런 말을 나에게 들려주면 자신감과 희망이 가득 채워져요.**

좋은 일은 항상 있어요.

오늘도 어떤 좋은 일이 생길지 기대하고 있어요.


나는 참 괜찮은 사람이에요.

언제나 주변 사람들을 배려하거든요.


나는 섬세하게 말하고 행동해요.

내 주변 사람들을 따뜻하게 해 주고 싶어요.

## 나는 스스로 생각할 수 있어요

내가 머뭇거리는 이유는
더 좋은 해결책을 떠올리기 위해서
고민하고 있기 때문이에요.

스스로 생각하고 골똘히 고민할 때
내 눈빛은 반짝반짝 빛나요.

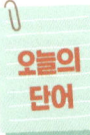 오늘의 단어

- 해결책: 어떠한 일이나 문제 따위를 해결하기 위한 방법.

**하루를 시작하거나 마무리하면서, 이런 말을 나에게 들려주면 자신감과 희망이 가득 채워져요.**

내가 머뭇거리는 이유는

더 좋은 해결책을 떠올리기 위해서

고민하고 있기 때문이에요.


스스로 생각하고 골똘히 고민할 때

내 눈빛은 반짝반짝 빛나요.

# 03
## 나는 지금 이대로 충분한 사람이에요

나는 꼭 무언가가 되지 않더라도
존재만으로도 **충분한** 사람이에요.

나는 내가 그리는 모든 꿈을 이룰 수 있어요.
나는 나의 **가능성**을 믿어요.

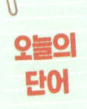
오늘의 단어
- 충분하다: 모자람이 없이 넉넉하다.
- 가능성: 앞으로 실현될 수 있는 성질이나 정도.

**하루를 시작하거나 마무리하면서, 이런 말을 나에게 들려주면 자신감과 희망이 가득 채워져요.**

나는 꼭 무언가가 되지 않더라도

존재만으로도 충분한 사람이에요.

나는 내가 그리는 모든 꿈을 이룰 수 있어요.

나는 나의 가능성을 믿어요.

## 내 몸을 깨끗이 할 거예요

라면을 끓여 맛있게 먹은 다음에는
냄비를 깨끗하게 씻어야
다음에 또 쓸 수 있듯이,

밖에 나갔다가 돌아온 다음에는
손과 발을 **청결하게** 씻어야
내일 또 나가 놀 수 있어요.

- 청결하다: 맑고 깨끗하다.

**하루를 시작하거나 마무리하면서, 이런 말을 나에게 들려주면 자신감과 희망이 가득 채워져요.**

라면을 끓여 맛있게 먹은 다음에는

냄비를 깨끗하게 씻어야

다음에 또 쓸 수 있듯이,


밖에 나갔다가 돌아온 다음에는

손과 발을 청결하게 씻어야

내일 또 나가 놀 수 있어요.

## 05
## 다정하고 예쁜 말을 나에게 들려줄 거예요

나는 이런 좋은 말을 나에게 들려주고 싶어요.

1. 나는 꼭 해낼 거야!
2. 어제보다 마음의 키가 더 자랐네.
3. 걱정하지 말자, 다 잘될 거야!
4. 조금만 더 해 보자.
5. 나는 내가 자랑스러워!
6. 내일은 어떤 새로운 일이 벌어질까 기대돼!
7. 나는 내가 정말 좋아!

오늘의 단어
- 자랑스럽다: 남에게 드러내어 뽐낼 만한 데가 있다.
- 기대하다: 어떤 일이 원하는 대로 이루어지기를 바라면서 기다리다.

하루를 시작하거나 마무리하면서, 이런 말을 나에게 들려주면 자신감과 희망이 가득 채워져요.

### 나는 이런 좋은 말을 나에게 들려주고 싶어요.

1. 나는 꼭 해낼 거야!

2. 어제보다 마음의 키가 더 자랐네.

3. 걱정하지 말자, 다 잘될 거야!

4. 조금만 더 해 보자.

5. 나는 내가 자랑스러워!

6. 내일은 어떤 새로운 일이 벌어질까 기대돼!

7. 나는 내가 정말 좋아!

# 나는 불평보다 소중한 것을 찾아요

불평불만을 늘어놓는 사람에게는

다가가고 싶지 않아요.

하지만 어디서든 장점을 찾아내는 사람에게는

다가가서 말 걸고 싶어요.

장점 찾아내기는

아무나 가지지 못한 소중한 능력이니까요.

**오늘의 단어**
- 불평불만: 마음에 들지 않아 못마땅하며 마음에 차지 아니함.
- 장점: 좋거나 잘하거나 긍정적인 점.

하루를 시작하거나 마무리하면서, 이런 말을 나에게 들려주면 자신감과 희망이 가득 채워져요.

불평불만을 늘어놓는 사람에게는

다가가고 싶지 않아요.


하지만 어디서든 장점을 찾아내는 사람에게는

다가가서 말 걸고 싶어요.


장점 찾아내기는

아무나 가지지 못한 소중한 능력이니까요.

> 생각 연습

## 나는 어떤 사람인가요?

"다른 사람에게는 없는
너만의 장점이 뭐라고 생각하니?"

"어떤 일을 할 때 가장 행복하니?
생각만으로도 널 기쁘게 해 주는 게 뭐야?"

"요즘 네가 아끼는 물건 있잖아.
그 물건을 아끼는 이유가 뭐야?"

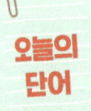 오늘의 단어

- 아끼다: 물건이나 사람을 소중하게 여겨 보살피거나 위하는 마음을 가지다.

**소중한 나에게 이런 말을 들려주면 더욱 용기가 샘솟을 거예요.**

다른 사람들에게는 없지만 나에게만 있는

나만의 장점은 _____이에/예요.


나는 _____(을)를 생각하면 기분이 좋아져요.

그리고 _____(을)를 할 때 가장 행복해요.


요즘 내가 가장 아끼는 물건은 _____이에/예요.

왜냐하면 _____(이)기 때문이에요.

## 내가 나를 어떻게 생각하는지가 중요해요

다른 사람이 나를 어떻게 보는지보다
내가 나를 어떻게 생각하는지가 더 중요해요.

내가 **자신감** 있게 행동하면
그 결과도 별처럼 반짝이죠.

다른 사람의 시선은 중요하지 않아요.
나를 움직이는 건 나의 **의지**예요.

**오늘의 단어**
- 자신감: 자신이 있다는 느낌.
- 의지: 어떠한 일을 이루고자 하는 마음.

**하루를 시작하거나 마무리하면서, 이런 말을 나에게 들려주면 자신감과 희망이 가득 채워져요.**

다른 사람이 나를 어떻게 보는지보다

내가 나를 어떻게 생각하는지가 더 중요해요.


내가 자신감 있게 행동하면

그 결과도 별처럼 반짝이죠.


다른 사람의 시선은 중요하지 않아요.

나를 움직이는 건 나의 의지예요.

## 내 생각을 당당하게 말할 수 있어요

다른 사람 앞에서 이야기할 때,
처음부터 잘하지 못해도 괜찮아요.

당장은 조금 서툴더라도
내 생각을 **당당하게** 말할 거예요.

계속 도전하는 나의 모습은
내가 보아도 근사하니까요.

**오늘의 단어**
- 당당하다: 남 앞에 내세울 만큼 모습이나 태도가 떳떳하다.

하루를 시작하거나 마무리하면서, 이런 말을 나에게 들려주면 자신감과 희망이 가득 채워져요.

다른 사람 앞에서 이야기할 때,

처음부터 잘하지 못해도 괜찮아요.


당장은 조금 서툴더라도

내 생각을 당당하게 말할 거예요.


계속 도전하는 나의 모습은

내가 보아도 근사하니까요.

**09**

# 나는 세상의 가치를 발견하고 싶어요

무엇이든 가만히 바라보면

보이지 않던 것을 **발견할** 수 있어요.

책을 읽듯 주변을 읽어 봐요.

일상이라는 책에도 숨어 있는 보물이 많아요.

오늘 하루의 **가치**는

내가 찾아내는 거예요.

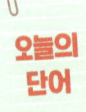
- 발견하다: 미처 찾아내지 못하였거나 아직 알려지지 아니한 것을 찾아내다.
- 가치: 사물이 지니고 있는 쓸모.

하루를 시작하거나 마무리하면서, 이런 말을 나에게 들려주면 자신감과 희망이 가득 채워져요.

무엇이든 가만히 바라보면

보이지 않던 것을 발견할 수 있어요.


책을 읽듯 주변을 읽어 봐요.

일상이라는 책에도 숨어 있는 보물이 많아요.


오늘 하루의 가치는

내가 찾아내는 거예요.

> 10

## 세상에 빛나지 않는 별은 없어요

세상에 빛나지 않는 별은 없어요.
자기 자리에서 모두 스스로 빛을 내고 있지요.

나도 나만의 빛으로
언제나 반짝이고 있어요.

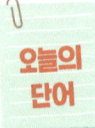

- 빛나다: 빛이 환하게 비치다.
- 반짝이다: 작은 빛이 잠깐 나타났다가 사라지다.

하루를 시작하거나 마무리하면서, 이런 말을 나에게 들려주면 자신감과 희망이 가득 채워져요.

세상에 빛나지 않는 별은 없어요.

자기 자리에서 모두 스스로 빛을 내고 있지요.

나도 나만의 빛으로

언제나 반짝이고 있어요.

## 11

## 나에게 용기를 심어 주고 싶어요

언제나 준비를 모두 마치고 시작할 수는 없어요.
때로는 용기가 가장 멋진 준비물이죠.

나는 내가 상상하는 만큼
더 성장할 수 있는 사람이에요.

난 뭐든 해낼 수 있어요.
나는 나를 믿어요.

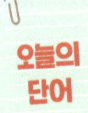

**오늘의 단어**
- 용기: 씩씩하고 굳센 기운.
- 해내다: 맡은 일이나 닥친 일을 잘하다.

**하루를 시작하거나 마무리하면서, 이런 말을 나에게 들려주면 자신감과 희망이 가득 채워져요.**

언제나 준비를 모두 마치고 시작할 수는 없어요.

때로는 용기가 가장 멋진 준비물이죠.


나는 내가 상상하는 만큼

더 성장할 수 있는 사람이에요.


난 뭐든 해낼 수 있어요.

나는 나를 믿어요.

**생각 연습**

## 나는 내 인생의 작가예요

나의 하루하루를 엮은 빈 공책이 있다면

나는 꿈이라는 색연필로

한 쪽씩 채워 넣는 **작가**예요.

오늘은 어떤 색으로

나의 하루를 칠하면 좋을까요?

 오늘의 단어
- 작가: 글, 사진, 그림, 조각 따위의 예술품을 창작하는 사람.

**소중한 나에게 이런 말을 들려주면 더욱 용기가 샘솟을 거예요.**

나의 하루하루를 엮은 빈 공책이 있다면

나는 꿈이라는 색연필로

한 쪽씩 채워 넣는 작가예요.

오늘은 _____색으로

나의 하루를 칠해 볼래요.

왜냐하면 오늘 내 마음은 _____ 때문이에요.

# 슬프고 화가 날 때 나에게 들려주는 씩씩한 말 11

**감정**

## 화가 날 땐 마음을 도화지에 그려 봐요

화가 나서 어쩔 줄 모를 때는
내 마음을 도화지에 그린다고 상상해 봐요.

왜 화가 났는지, 어떤 부분이 속상했는지
섬세하게 그리다 보면
어느덧 화는 가라앉고,
내 마음은 선명하게 알아볼 수 있어요.

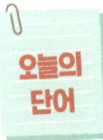 오늘의 단어 ・선명하다: 산뜻하고 뚜렷하여 다른 것과 혼동되지 아니하다.

**속상하고 힘든 날에는 이런 말을 나에게 들려주면 한결 마음이 편안해질 거예요.**

화가 나서 어쩔 줄 모를 때는

내 마음을 도화지에 그린다고 상상해 봐요.

왜 화가 났는지, 어떤 부분이 속상했는지

섬세하게 그리다 보면

어느덧 화는 가라앉고,

내 마음은 선명하게 알아볼 수 있어요.

## 13

## 나는 눈물을 닦고 일어설 수 있어요

슬픈 일이 생기면 눈물이 나요.

이럴 때는 얼마든지 울어도 괜찮아요.

그렇지만 나는 눈물을 닦고 일어설 수 있어요.

왜냐하면 나를 쉽게 평가하거나

판단하지 않고

무조건 사랑해 주는 사람들이

늘 곁에 있으니까요.

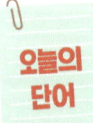

- 평가하다: 어떤 대상의 가치나 수준 따위를 헤아려 정하다.
- 판단하다: 생각의 기준에 따라 옳고 그름, 좋고 나쁨 따위를 결정하다.

**속상하고 힘든 날에는 이런 말을 나에게 들려주면 한결 마음이 편안해질 거예요.**

슬픈 일이 생기면 눈물이 나요.

이럴 때는 얼마든지 울어도 괜찮아요.

그렇지만 나는 눈물을 닦고 일어설 수 있어요.


왜냐하면 나를 쉽게 평가하거나

판단하지 않고

무조건 사랑해 주는 사람들이

늘 곁에 있으니까요.

# 나는 분노를 거절할 수 있어요

아무리 화를 내도 풀리지 않고
도리어 화에 더욱 휩싸일 때가 있어요.
내가 분노를 내 마음 안으로 불렀기 때문이에요.

나는 분노를 거절할 수 있어요.
분노를 거절하면 화가 나는 상황에서도
내 마음을 차분하게 유지할 수 있어요.

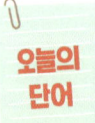

- 분노: 몹시 화를 냄. 또는 그렇게 내는 화.
- 거절하다: 다른 사람의 요구나 선물, 부탁 따위를 받지 않고 물리치다.

**속상하고 힘든 날에는 이런 말을 나에게 들려주면 한결 마음이 편안해질 거예요.**

아무리 화를 내도 풀리지 않고

도리어 화에 더욱 휩싸일 때가 있어요.

내가 분노를 내 마음 안으로 불렀기 때문이에요.


나는 분노를 거절할 수 있어요.

분노를 거절하면 화가 나는 상황에서도

내 마음을 차분하게 유지할 수 있어요.

# 단어 하나만 바꿔도 기적이 일어나요

'실망'이라는 말 대신에

'기대'라는 말을 쓰면

훨씬 더 행복해져요.

"너한테 실망했어!"라고 말하기보다는

"너한테 조금 더 기대할게."라고 말할 거예요.

단어 하나만 바꿔도

마음속에 행복이 하나 늘어나니까요.

 • 실망: 바라던 일이 뜻대로 되지 않아 몹시 속상함.

**속상하고 힘든 날에는 이런 말을 나에게 들려주면 한결 마음이 편안해질 거예요.**

'실망'이라는 말 대신에

'기대'라는 말을 쓰면

훨씬 더 행복해져요.


"너한테 실망했어!"라고 말하기보다는

"너한테 조금 더 기대할게."라고 말할 거예요.

단어 하나만 바꿔도

마음속에 행복이 하나 늘어나니까요.

## 16

## 실수했을 때 나를 먼저 다독여요

누구나 컵에 담긴 물을 엎지를 때가 있어요.
어른들도 그럴 수 있답니다.

일부러 그런 게 아니니까 괜찮아요.
바닥에 엎질러진 물은
깨끗하게 닦으면 되니까요.

나는 침착하게 나의 실수를 받아들이고
나를 다독여 줄 거예요.

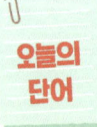
**오늘의 단어**
- 엎지르다: 액체 따위를 쏟아지게 하거나 흔들어 넘쳐 나가게 하다.
- 다독이다: 약한 점을 따뜻이 어루만져 감싸고 달래다.

**속상하고 힘든 날에는 이런 말을 나에게 들려주면 한결 마음이 편안해질 거예요.**

누구나 컵에 담긴 물을 엎지를 때가 있어요.

어른들도 그럴 수 있답니다.

.

일부러 그런 게 아니니까 괜찮아요.

바닥에 엎질러진 물은

깨끗하게 닦으면 되니까요.


나는 침착하게 나의 실수를 받아들이고

나를 다독여 줄 거예요.

## 걱정이 너무 많다면 오늘을 생각해요

내일 일을 너무 걱정하지 말아요.

우리는 오늘을 살고 있잖아요.

막막하다는 생각이 들 때는

어딘가 다른 곳에

열린 문이 있다는 사실을 기억해요.

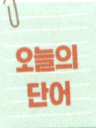

• 막막하다: 꽉 막힌 듯이 답답하다.

**속상하고 힘든 날에는 이런 말을 나에게 들려주면 한결 마음이 편안해질 거예요.**

내일 일을 너무 걱정하지 말아요.

우리는 오늘을 살고 있잖아요.

막막하다는 생각이 들 때는

어딘가 다른 곳에

열린 문이 있다는 사실을 기억해요.

생각 연습

## 나의 감정 주머니를 키워 주세요

슬프고 속상한 일이 있을 때는

'도대체 난 왜 이럴까?'라고

생각하는 대신에 나에게 이렇게 말해요.

"어떤 일 때문에

내가 이렇게 속상할까?"

"그래도 씩씩하게 지내 보자."

"그래, 속상한 날도 있는 거야."

오늘의 단어
- 속상하다: 화가 나거나 걱정이 되어서 마음이 불편하고 우울하다.
- 씩씩하다: 굳세고 당당하다.

**소중한 나에게 이런 말을 들려주면 더욱 용기가 샘솟을 거예요.**

이번 주에는 나에게 어떤 속상한 일이 있었나요?
_____

왜 그 일이 나를 속상하게 했나요?
_____

속상한 나에게 스스로 어떻게 말해 주면 좋을까요?
_____

씩씩한 어린이는 다양한 감정을 마음에서 잘 꺼내 표현할 수 있어요. 오늘 나의 감정 주머니에서는 어떤 감정들이 나왔나요?
_____

# '틀리다'와 '다르다'는 달라요

나에게는 나만의 방법이 있어요.
그리고 친구에게는 친구만의 방법이 있어요.

내가 옳고, 친구는 틀린 게 아니라
나의 방법과 친구의 방법이 다른 것뿐이에요.

나와 다른 사람의 차이를 이해할 때
나의 세계는 더 넓고 깊어져요.

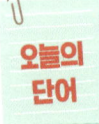

- 틀리다: 셈이나 사실 따위가 그르게 되거나 어긋나다.
- 다르다: 둘이 서로 같지 아니하다.

**속상하고 힘든 날에는 이런 말을 나에게 들려주면 한결 마음이 편안해질 거예요.**

나에게는 나만의 방법이 있어요.

그리고 친구에게는 친구만의 방법이 있어요.

내가 옳고, 친구는 틀린 게 아니라

나의 방법과 친구의 방법이 다른 것뿐이에요.

나와 다른 사람의 차이를 이해할 때

나의 세계는 더 넓고 깊어져요.

**19**

# 포기하고 싶을 때 한 번 더 기회를 주세요

정말 포기하고 싶을 때
나에게 한 번 더 기회를 주는
용기 있는 사람이 될래요.

용기는 마지막으로 한 번 더
시도해 본 사람만이
얻을 수 있는 빛나는 보석이니까요.

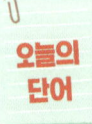
**오늘의 단어**
- 기회: 어떠한 일을 하는 데 알맞은 시기나 경우.
- 시도: 어떤 것을 이루어 보려고 계획하거나 행동함.

**속상하고 힘든 날에는 이런 말을 나에게 들려주면 한결 마음이 편안해질 거예요.**

정말 포기하고 싶을 때

나에게 한 번 더 기회를 주는

용기 있는 사람이 될래요.


용기는 마지막으로 한 번 더

시도해 본 사람만이

얻을 수 있는 빛나는 보석이니까요.

# 결과가 실망스러울 때 이렇게 말해 봐요

최선을 다했어도 결과가 안 좋을 수 있어요.
하지만 나는 실망하지 않아요.
새로운 기회가 또 있을 테니까요.

결과보다는 그 일을 하는 동안
내 눈빛이 얼마나 반짝였는지,
내 마음이 얼마나 즐거웠는지를
오래도록 기억할 거예요.

 · 최선: 온 정성과 힘.

**속상하고 힘든 날에는 이런 말을 나에게 들려주면 한결 마음이 편안해질 거예요.**

최선을 다했어도 결과가 안 좋을 수 있어요.

하지만 나는 실망하지 않아요.

새로운 기회가 또 있을 테니까요.


결과보다는 그 일을 하는 동안

내 눈빛이 얼마나 반짝였는지,

내 마음이 얼마나 즐거웠는지를

오래도록 기억할 거예요.

## 혼자라는 생각이 들 때 이런 말로 위로해요

"할 수 있다고 생각하면
나는 무엇이든 해낼 수 있어.
엄마, 아빠도 언제나 나를 응원하고 있잖아."

"세상에는 나 혼자가 아니야.
영원히 내 편이 되어 줄
나를 사랑하는 사람들이 많으니까."

• 편: 여러 패로 나누었을 때 그 하나하나의 쪽.

**속상하고 힘든 날에는 이런 말을 나에게 들려주면 한결 마음이 편안해질 거예요.**

"할 수 있다고 생각하면

나는 무엇이든 해낼 수 있어.

엄마, 아빠도 언제나 나를 응원하고 있잖아."


"세상에는 나 혼자가 아니야.

영원히 내 편이 되어 줄

나를 사랑하는 사람들이 많으니까."

## 화를 온몸으로 표현하지 않아요

팔 힘이 센 사람은 물건을 마구 던지지 않아요.

오히려 그 힘으로

물건을 제자리에 잘 가져다 놓죠.

화난다고 동생에게 장난감을 던지거나

친구를 밀치지도 때리지도 않을 거예요.

나는 내 몸을 꼭 필요한 곳에 사용할 거예요.

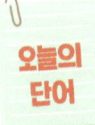 오늘의 단어
- 마구: 몹시 세차게, 또는 아주 심하게.
- 사용하다: 일정한 목적이나 기능에 맞게 쓰다.

**속상하고 힘든 날에는 이런 말을 나에게 들려주면 한결 마음이 편안해질 거예요.**

팔 힘이 센 사람은 물건을 마구 던지지 않아요.

오히려 그 힘으로

물건을 제자리에 잘 가져다 놓죠.


화난다고 동생에게 장난감을 던지거나

친구를 밀치지도 때리지도 않을 거예요.


나는 내 몸을 꼭 필요한 곳에 사용할 거예요.

**생각 연습**

## 잘하고 싶은데 마음처럼 되지 않아요

힘든 순간들도 있지만,

도전하는 내 모습은 참 멋져요.

나는 날마다 조금씩 나아지고 있으니까요.

어떻게 해야 할지 모르겠고 헷갈릴 때는

조금 더 생각해 보면 어떨까요?

아마도 더 좋은 방법이 떠오를 거예요.

**오늘의 단어**
- 도전하다: 어려운 일에 맞서다.

**소중한 나에게 이런 말을 들려주면 더욱 용기가 샘솟을 거예요.**

이번 주는 어떤 도전을 해 보았나요?

_____

그 일에 도전하면서 어떤 점이 가장 힘들었나요?

_____

그 도전으로 어제보다 조금 더 성장했다고 생각하나요?

_____

이번 일로 나는 나의 어떤 점을 칭찬해 주고 싶나요?

_____

# 친구와 사이좋게 지내게 해 주는 우정의 말 11

## 관계

# 사이가 좋아지는 말을 친구에게 들려줄 거예요

하루 중에 친구랑 노는 시간이 가장 좋아요.
친구는 내가 상상할 수 없는 멋진 표현으로
나를 놀라게 만들어 주니까요.

아무래도 세상에서 가장 재미난 작품은
내 친구 얼굴 같아요.
밝은 얼굴로 날 기쁘게 만들어 주니까요.

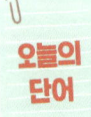

- 표현: 생각이나 느낌 따위를 말이나 몸짓으로 나타냄.
- 작품: 예술 창작 활동으로 얻어지는 것.

**신나는 하루를 보낸 나에게 이런 말을 들려주면 행복이 더욱 차오를 거예요.**

하루 중에 친구랑 노는 시간이 가장 좋아요.

친구는 내가 상상할 수 없는 멋진 표현으로

나를 놀라게 만들어 주니까요.


아무래도 세상에서 가장 재미난 작품은

내 친구 얼굴 같아요.

밝은 얼굴로 날 기쁘게 만들어 주니까요.

# 오직 친구만 할 수 있는 일이 있어요

내가 친구를 이해하지 못한다고 해서
친구가 틀린 건 아니에요.

친구가 내게 기분 나쁜 행동을 했다면
대화를 통해 문제를 풀어 가면 돼요.

실수를 **지적하는** 건 누구나 할 수 있지만
실수를 안아 주는 건 친구만이 할 수 있으니까요.

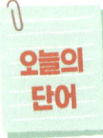 • 지적하다: 잘못 따위를 드러내어 폭로하다.

**신나는 하루를 보낸 나에게 이런 말을 들려주면 행복이 더욱 차오를 거예요.**

내가 친구를 이해하지 못한다고 해서

친구가 틀린 건 아니에요.


친구가 내게 기분 나쁜 행동을 했다면

대화를 통해 문제를 풀어 가면 돼요.


실수를 지적하는 건 누구나 할 수 있지만

실수를 안아 주는 건 친구만이 할 수 있으니까요.

## 친구의 험담을 하고 싶을 때 이런 말을 읽어요

친구를 험담하거나 거짓말하지 않을래요.
그런 것들은 내가 좋아하는 말이 아니에요.
내가 들어도 예쁜 말을 하고 싶어요.

사랑하는 사람들을 보면
그냥 보고만 있어도 마음이 예뻐져요.

친구야, 우리도 늘 사랑하는 마음만
서로에게 선물하자.

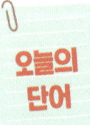
오늘의 단어

- 험담: 남의 흠을 들추어 헐뜯음. 또는 그런 말.
- 거짓말: 사실이 아닌 것을 사실인 것처럼 꾸며 말을 함.

**신나는 하루를 보낸 나에게 이런 말을 들려주면 행복이 더욱 차오를 거예요.**

친구를 험담하거나 거짓말하지 않을래요.

그런 것들은 내가 좋아하는 말이 아니에요.

내가 들어도 예쁜 말을 하고 싶어요.


사랑하는 사람들을 보면

그냥 보고만 있어도 마음이 예뻐져요.


친구야, 우리도 늘 사랑하는 마음만

서로에게 선물하자.

## 26
# 친구가 나를 괴롭힐 때 마음을 다스리고 싶어요

친구가 아무리 나를 욕하고 놀려도
내가 받아들이지 않으면
그 말은 모두 허공으로 사라져요.

그 친구가 나를 바보로 생각한다고,
내가 바보가 되는 것은 아니에요.

나는 나를 믿으니까,
나는 언제나 나의 편이에요.

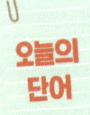

오늘의 단어
- 허공: 텅 빈 하늘과 땅 사이 빈 곳.

**신나는 하루를 보낸 나에게 이런 말을 들려주면 행복이 더욱 차오를 거예요.**

친구가 아무리 나를 욕하고 놀려도

내가 받아들이지 않으면

그 말은 모두 허공으로 사라져요.


그 친구가 나를 바보로 생각한다고,

내가 바보가 되는 것은 아니에요.


나는 나를 믿으니까,

나는 언제나 나의 편이에요.

## 27
## 친구를 칭찬하면 내가 먼저 기뻐요

나는 친구의 장점을
예쁜 말로 칭찬해 줄 거예요.

친구의 장점을 알아본다는 말은
나도 그 친구의 장점을 갖고 있다는 의미예요.
내가 모르는 건 칭찬할 수 없는 법이니까요.

친구를 칭찬하면 친구보다
내 마음이 먼저 기뻐요.

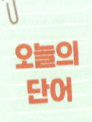
오늘의 단어
- 칭찬: 좋은 점이나 착하고 훌륭한 일을 높이 평가함.
- 의미: 말이나 글의 뜻.

**신나는 하루를 보낸 나에게 이런 말을 들려주면 행복이 더욱 차오를 거예요.**

나는 친구의 장점을

예쁜 말로 칭찬해 줄 거예요.


친구의 장점을 알아본다는 말은

나도 그 친구의 장점을 갖고 있다는 의미예요.

내가 모르는 건 칭찬할 수 없는 법이니까요.


친구를 칭찬하면 친구보다

내 마음이 먼저 기뻐요.

## 28. 내가 먼저 웃으며 인사할 거예요

소중한 친구들에게
예쁜 마음을 전하며 살 거예요.

내가 먼저 인사하면,
내 기분이 먼저 좋아져요.

내가 먼저 웃으면,
내 마음이 먼저 좋아져요.

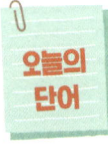

오늘의 단어
- 소중하다: 매우 귀하고 중요하다.

**신나는 하루를 보낸 나에게 이런 말을 들려주면 행복이 더욱 차오를 거예요.**

소중한 친구들에게

예쁜 마음을 전하며 살 거예요.


내가 먼저 인사하면,

내 기분이 먼저 좋아져요.


내가 먼저 웃으면,

내 마음이 먼저 좋아져요.

> 생각 연습

## 놀이 시간이 더 행복해지는 말이 있어요

'발명왕' 에디슨은 자신의 삶을 이렇게 표현했대요.

"나는 평생 단 하루도 일하지 않았다.
그것은 모두 재미있는 놀이였다."

책에서 읽고 배운 것을 놀면서 실천해 봐요.
어렵고 하기 싫은 일도 재미있게 느껴질 거예요.

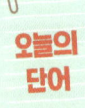 · 실천하다: 생각한 바를 해 보다.

**소중한 나에게 이런 말을 들려주면 더욱 용기가 샘솟을 거예요.**

이번 주에 내가 책에서 배운 내용은

_____ 이에/예요.


나는 이 내용을 재미있게 실천하기 위해

_____ (을)를 해 볼 거예요.

# 1분 말하고, 2분 듣고, 3분 생각해요

언제나 친구와 대화할 때는

조금 말하고, 많이 듣고, **깊이** 생각해요.

1분 동안 말하고,

2분 동안 듣고,

3분 동안 생각할 수 있다면,

친구와 나의 우정은 더 깊어질 거예요.

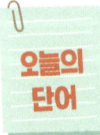

- 깊다: 수준이 높거나 정도가 심하다.

**신나는 하루를 보낸 나에게 이런 말을 들려주면 행복이 더욱 차오를 거예요.**

언제나 친구와 대화할 때는

조금 말하고, 많이 듣고, 깊이 생각해요.

1분 동안 말하고,

2분 동안 듣고,

3분 동안 생각할 수 있다면,

친구와 나의 우정은 더 깊어질 거예요.

## 친구가 나를 싫어하는 것 같아 속상해요

모든 사람이 나를 좋아할 수는 없지만
나는 최선을 다해 나를 좋아할 거예요.

그렇게 하루씩 지내다 보면
나처럼 자신을 좋아하는 사람들이
내 곁으로 찾아오게 되어 있어요.

나는 그런 친구들과 함께 꿈을 꿀 거예요.

오늘의 단어

- 곁: 어떤 것의 옆. 또는 마음에서 가까운 데.

**신나는 하루를 보낸 나에게 이런 말을 들려주면 행복이 더욱 차오를 거예요.**

언제나 친구와 대화할 때는

조금 말하고, 많이 듣고, 깊이 생각해요.

1분 동안 말하고,

2분 동안 듣고,

3분 동안 생각할 수 있다면,

친구와 나의 우정은 더 깊어질 거예요.

# 친구가 나를 싫어하는 것 같아 속상해요

모든 사람이 나를 좋아할 수는 없지만
나는 최선을 다해 나를 좋아할 거예요.

그렇게 하루씩 지내다 보면
나처럼 자신을 좋아하는 사람들이
내 곁으로 찾아오게 되어 있어요.

나는 그런 친구들과 함께 꿈을 꿀 거예요.

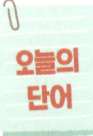 · 곁: 어떤 것의 옆. 또는 마음에서 가까운 데.

**신나는 하루를 보낸 나에게 이런 말을 들려주면 행복이 더욱 차오를 거예요.**

모든 사람이 나를 좋아할 수는 없지만

나는 최선을 다해 나를 좋아할 거예요.

그렇게 하루씩 지내다 보면

나처럼 자신을 좋아하는 사람들이

내 곁으로 찾아오게 되어 있어요.

나는 그런 친구들과 함께 꿈을 꿀 거예요.

## 다른 사람의 평가보다 더 중요한 것이 있어요

다른 사람들의 좋은 평가도 중요해요.

하지만 그보다 더 중요한 건

나 스스로 만족하고 기쁨을 느끼는 거예요.

나는 뭐든 할 수 있는 아이니까

너무 **조급하게** 생각하지 않을래요.

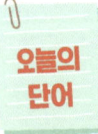 · 조급하다: 늦거나 느긋하지 아니하고 매우 급하다.

**신나는 하루를 보낸 나에게 이런 말을 들려주면 행복이 더욱 차오를 거예요.**

다른 사람들의 좋은 평가도 중요해요.

하지만 그보다 더 중요한 건

나 스스로 만족하고 기쁨을 느끼는 거예요.


나는 뭐든 할 수 있는 아이니까

너무 조급하게 생각하지 않을래요.

**32**

## 마음에 들지 않는 친구가 있을 때 되새겨요

친구가 밉다면 내가 그 친구의 속마음을
제대로 모르기 때문일 수도 있어요.

친구가 나를 속상하게 할 때는
무작정 미워하기보다
친구의 속마음을 잘 들여다보려고
노력할 거예요.

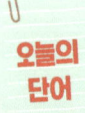
오늘의 단어
- 속마음: 겉으로 드러나지 아니한 진짜 마음.
- 노력하다: 무언가를 이루기 위하여 몸과 마음을 다하여 애를 쓰다.

**신나는 하루를 보낸 나에게 이런 말을 들려주면 행복이 더욱 차오를 거예요.**

친구가 밉다면 내가 그 친구의 속마음을

제대로 모르기 때문일 수도 있어요.


친구가 나를 속상하게 할 때는

무작정 미워하기보다

친구의 속마음을 잘 들여다보려고

노력할 거예요.

## 33

## 언제든 좋은 사람, 좋은 책과 대화해요

좋은 영향을 주고받는 사람과
자주 대화를 나누면 좋아요.
내 기분도 덩달아 좋아지니까요.

힘들거나 조언이 필요할 때
도움을 줄 수 있는 사람과 책이 있어서 든든해요.
그들과 언제든 대화를 나누면 되니까요.

거기에는 내가 생각하지 못한 값진 경험이 있어요.

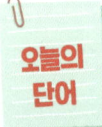

- 조언: 말로 거들거나 깨우쳐 주는 도움.
- 든든하다: 어떤 것에 대한 믿음으로 마음이 허전하거나 두렵지 않고 굳세다.

**신나는 하루를 보낸 나에게 이런 말을 들려주면 행복이 더욱 차오를 거예요.**

좋은 영향을 주고받는 사람과

자주 대화를 나누면 좋아요.

내 기분도 덩달아 좋아지니까요.


힘들거나 조언이 필요할 때

도움을 줄 수 있는 사람과 책이 있어서 든든해요.

그들과 언제든 대화를 나누면 되니까요.


거기에는 내가 생각하지 못한 값진 경험이 있어요.

### 생각 연습

## 약속을 잘 지키는 것이 왜 중요할까요?

비록 내가 조금 **손해**를 보더라도
약속을 잘 지키는 건 정말 중요해요.

약속을 잘 지키면
주변 사람들이 나에게
믿음을 가질 수 있기 때문이에요.

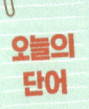

오늘의 단어

- 손해: 물질로나 마음으로나 밑지는 일.

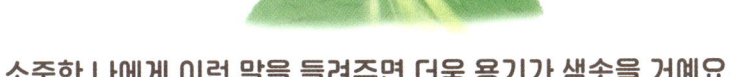

**소중한 나에게 이런 말을 들려주면 더욱 용기가 샘솟을 거예요.**

나는 어떤 약속을 잘 지키나요?

_____

어떤 약속은 조금 지키기 어렵나요?

_____

약속을 잘 지키면 무엇이 좋을까요?

_____

나는 어떤 친구가 되고 싶나요?

_____

# 행복하고 즐거운 하루를 보내게 해 주는 다정한 말 11

**태도**

## 오늘은 나에게 주어진 선물이에요

오늘은 행복한 일이 생길 수도 있고
불행한 일이 생길 수도 있어요.

그렇지만 오늘 하루는
나에게 주어진 가장 **값진** 선물이에요.

- 값지다: 물건 따위가 값이 많이 나갈 만한 가치가 있다.

**보람차게 하루를 보낸 나에게 이런 말을 들려주면 꿈과 희망을 간직할 수 있어요.**

오늘은 행복한 일이 생길 수도 있고

불행한 일이 생길 수도 있어요.


그렇지만 오늘 하루는

나에게 주어진 가장 값진 선물이에요.

# 매일이 근사해지는 마법의 말이 있어요

맛있는 것을 먹을 때,
새로운 일을 할 때,
'근사하다'라는 말을 자주 쓸 거예요.

그 순간 나를 둘러싼 모든 것이
근사해지는 마법이 일어나니까요.

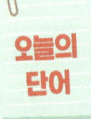

- 근사하다: 그럴듯하게 괜찮다.

**보람차게 하루를 보낸 나에게 이런 말을 들려주면 꿈과 희망을 간직할 수 있어요.**

맛있는 것을 먹을 때,

새로운 일을 할 때,

'근사하다'라는 말을 자주 쓸 거예요.


그 순간 나를 둘러싼 모든 것이

근사해지는 마법이 일어나니까요.

## 36
# 하루를 아름다운 정원으로 바꿀 수 있어요

힘들고 지칠수록 서로 웃으며
예쁘게 말할 수 있다면
매일매일이 아름다운 정원이 될 거예요.

그곳에는 꽃처럼 예쁜 마음들이
가득 피어 있을 테고요.

**오늘의 단어**
- 정원: 집 안에 있는 뜰이나 꽃밭.

**보람차게 하루를 보낸 나에게 이런 말을 들려주면 꿈과 희망을 간직할 수 있어요.**

힘들고 지칠수록 서로 웃으며

예쁘게 말할 수 있다면

매일매일이 아름다운 정원이 될 거예요.


그곳에는 꽃처럼 예쁜 마음들이

가득 피어 있을 테고요.

## 37 세상에서 가장 강한 마음은 다정함이에요

세상에서 가장 강한 사람은 **다정한** 사람이에요.

다른 사람의 마음까지 안아 줄 수 있으니까요.

세상에서 가장 귀한 선물은 다정한 마음이에요.

다른 사람의 마음까지 따뜻하게 하니까요.

다정한 마음을 자꾸자꾸 전할 거예요.

그럴수록 나도 강해지고

사람들도 나를 더욱 다정하게 안아 줄 테니까요.

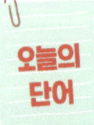

**오늘의 단어** • 다정하다: 정이 많고 두텁다.

**보람차게 하루를 보낸 나에게 이런 말을 들려주면 꿈과 희망을 간직할 수 있어요.**

세상에서 가장 강한 사람은 다정한 사람이에요.

다른 사람의 마음까지 안아 줄 수 있으니까요.

세상에서 가장 귀한 선물은 다정한 마음이에요.

다른 사람의 마음까지 따뜻하게 하니까요.

다정한 마음을 자꾸자꾸 전할 거예요.

그럴수록 나도 강해지고

사람들도 나를 더욱 다정하게 안아 줄 테니까요.

# 엄마, 아빠에게 들려주고 싶은 말이 있어요

오늘은 시간에 너무 쫓기지 말고,
엄마, 아빠에게 따스한 말을 전하며
하루를 시작할 거예요.

"엄마, 아빠 잘 주무셨어요?"
"오늘 하루도 행복하게 시작해요!"
"오늘은 분명 좋은 일이 많이 생길 거예요."

**오늘의 단어**
• 따스하다: 알맞게 따뜻하다.

**보람차게 하루를 보낸 나에게 이런 말을 들려주면 꿈과 희망을 간직할 수 있어요.**

오늘은 시간에 너무 쫓기지 말고,

엄마, 아빠에게 따스한 말을 전하며

하루를 시작할 거예요.


"엄마, 아빠 잘 주무셨어요?"

"오늘 하루도 행복하게 시작해요!"

"오늘은 분명 좋은 일이 많이 생길 거예요."

## 39 내일을 기대하며 이렇게 말해요

'오늘은 학교에서 또 무얼 배울까?'
'오늘은 내가 어떤 선택을 할까?'
'이번에 읽을 책에는 어떤 내용이 담겨 있을까?'

나에게 물어보고 내가 답해요.
"오늘 하루가 참 흥미롭고 기대되는걸!"

**오늘의 단어**
• 흥미롭다: 흥을 느끼는 재미가 있다.

**보람차게 하루를 보낸 나에게 이런 말을 들려주면 꿈과 희망을 간직할 수 있어요.**

'오늘은 학교에서 또 무얼 배울까?'

'오늘은 내가 어떤 선택을 할까?'

'이번에 읽을 책에는 어떤 내용이 담겨 있을까?'

나에게 물어보고 내가 답해요.

"오늘 하루가 참 흥미롭고 기대되는걸!"

> 생각 연습

## 하루를 시작하는 멋진 태도를 길러요

아침에 **꾸물거리지** 않고

벌떡 일어날 수 있는 사람은

무엇을 시작해도 잘할 수 있어요.

멋진 하루는

좋은 태도에서 비롯되니까요.

**오늘의 단어** · 꾸물거리다: 매우 느리게 자꾸 움직이다.

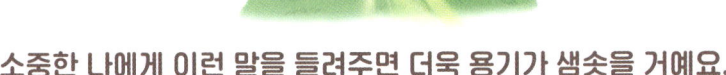

**소중한 나에게 이런 말을 들려주면 더욱 용기가 샘솟을 거예요.**

나는 아침에 꾸물거리는 편인가요?

_____

내가 꾸물거리지 않으면 무엇이 좋아질까요?

_____

멋진 하루를 만드는 가장 좋은 방법은 무엇일까요?

_____

내일 아침의 나에게 응원의 말을 해 보세요.

_____

# 사소하지만 가장 중요한 일이 있어요

나는 밥을 먹으면 바로 양치질을 하고

아침에 일어나면 이불을 정리해요.

**사소해** 보이지만

이런 작은 일에 최선을 다하면

점점 더 멋진 내가 될 수 있어요.

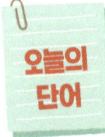 • 사소하다: 보잘것없이 작거나 적다.

**보람차게 하루를 보낸 나에게 이런 말을 들려주면 꿈과 희망을 간직할 수 있어요.**

나는 밥을 먹으면 바로 양치질을 하고

아침에 일어나면 이불을 정리해요.

사소해 보이지만

이런 작은 일에 최선을 다하면

점점 더 멋진 내가 될 수 있어요.

# 어리석은 사람과 지혜로운 사람은 이렇게 달라요

어리석은 사람은

삶의 기쁨을 너무 멀리에서 찾아서

결국 방황하다 지치고 말아요.

하지만 지혜로운 사람은

가장 가까운 곳에서 행복을 찾는답니다.

- 어리석다: 슬기롭지 못하고 둔하다.
- 지혜롭다: 사물의 이치를 빨리 깨닫고 정확하게 처리하는 정신적 능력이 있다.

**보람차게 하루를 보낸 나에게 이런 말을 들려주면 꿈과 희망을 간직할 수 있어요.**

어리석은 사람은

삶의 기쁨을 너무 멀리에서 찾아서

결국 방황하다 지치고 말아요.


하지만 지혜로운 사람은

가장 가까운 곳에서 행복을 찾는답니다.

## 관점을 바꾸면 다르게 보여요

어떤 사람은 좋은 세상을 찾아다니지만,
어떤 사람은 자신이 사는 곳을
좋은 세상으로 만들어요.

지금 내가 있는 곳에 **만족하는** 사람은
어디에 가도 행복을 찾을 수 있어요.

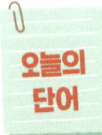

오늘의 단어
- 만족하다: 모자람 없이 넉넉하게 느끼다.

**보람차게 하루를 보낸 나에게 이런 말을 들려주면 꿈과 희망을 간직할 수 있어요.**

어떤 사람은 좋은 세상을 찾아다니지만,

어떤 사람은 자신이 사는 곳을

좋은 세상으로 만들어요.

지금 내가 있는 곳에 만족하는 사람은

어디에 가도 행복을 찾을 수 있어요.

## '별것 없네'를 '뭔가 있네!'로 바꿔 보세요

"별것 없네.", "별것 아니네."
이런 말은 오늘 내 하루에서 지울 거예요.
그러면 진짜 '별것 없는 오늘'을 살게 될 테니까요.

대신 이런 말을 가슴에 담기로 했어요.
"여기에 뭔가 있어!"
이렇게 말할 때 오늘 하루가 특별해질 테니까요.

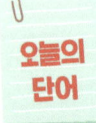

- 별것: 드물고 특별한 것.
- 특별하다: 보통과 구별되게 다르다.

**보람차게 하루를 보낸 나에게 이런 말을 들려주면 꿈과 희망을 간직할 수 있어요.**

"별것 없네.", "별것 아니네."

이런 말은 오늘 내 하루에서 지울 거예요.

그러면 진짜 '별것 없는 오늘'을 살게 될 테니까요.


대신 이런 말을 가슴에 담기로 했어요.

"여기에 뭔가 있어!"

이렇게 말할 때 오늘 하루가 특별해질 테니까요.

## "몰라요"라고 답하고 싶을 때 생각을 깨워요

무엇을 배우든

배운 것을 한번 실천해 보면 좋아요.

그래야 설명할 수 있을 정도로

충분히 알 수 있으니까요.

성공하지 못해도 괜찮아요.

중요한 건 열심히 해 봤다는 거예요.

열심히 해 본 사람만 **참으로** 잘 알 수 있어요.

 • 참으로: 사실이나 이치에 조금도 어긋남이 없이.

**보람차게 하루를 보낸 나에게 이런 말을 들려주면 꿈과 희망을 간직할 수 있어요.**

무엇을 배우든

배운 것을 한번 실천해 보면 좋아요.

그래야 설명할 수 있을 정도로

충분히 알 수 있으니까요.


성공하지 못해도 괜찮아요.

중요한 건 열심히 해 봤다는 거예요.

열심히 해 본 사람만 참으로 잘 알 수 있어요.

> 생각 연습

## 언젠가 나만의 예쁜 꽃이 피어날 거예요

이 꽃은 저 꽃과 **경쟁하지** 않아요.

그저 자신의 꽃을 피워 내면 되니까요.

꽃을 피우기 위한 모든 것은

이미 내 안에 있어요.

나를 아끼고 사랑하면

언젠가 나만의 예쁜 꽃이 피어날 거예요.

 **오늘의 단어** · 경쟁하다: 같은 목적을 두고 이기거나 앞서려고 서로 겨루다.

**소중한 나에게 이런 말을 들려주면 더욱 용기가 샘솟을 거예요.**

나도 모르게 친구와 경쟁할 때면

마음이 _____ 해요.

그럴 때는 나 자신을 먼저 생각해요.

나만의 꽃을 피우기 위한 모든 것은

이미 _____ 에 있으니까요.

그래서 나는 나에게 _____ 해 줄 거예요.

나만의 멋진 꽃이 피어나도록 내가 도와줄 거예요.

# 내 안에 있는 힘을 발견하게 해 주는 빛나는 말 11

## 가치

# 때때로 혼자서 가만히 생각할 수 있어요

혼자서 무언가를 오랫동안 바라본 사람은
다른 사람이 발견하지 못한 것을 볼 수 있어요.

무언가를 오래 바라본다는 건
무언가에 대해
남들보다 오래 생각한다는 증거이니까요.

 · 증거: 어떤 사실을 밝히는 데 없어서는 안 되는 것.

**생각이 자라나도록 이런 말을 나에게 들려주면서 꿈을 간직해 보아요.**

혼자서 무언가를 오랫동안 바라본 사람은

다른 사람이 발견하지 못한 것을 볼 수 있어요.

무언가를 오래 바라본다는 건

무언가에 대해

남들보다 오래 생각한다는 증거이니까요.

# 나는 이 세상에 꼭 필요한 소중한 존재예요

결과보다 중요한 게 있어요.
나는 이 세상에 꼭 필요한
소중한 존재라는 사실이에요.

잘하지 못해도 괜찮아요.
하고 있다는 것이 중요해요.

어떤 상황에서도 늘 내 편이 되어 주는
사랑하는 사람들을 기억할 거예요.

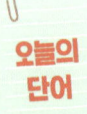

- 결과: 어떤 원인으로 인해 생기는 상태.
- 존재: 현실에 실제로 있는 것.

**생각이 자라나도록 이런 말을 나에게 들려주면서 꿈을 간직해 보아요.**

결과보다 중요한 게 있어요.

나는 이 세상에 꼭 필요한

소중한 존재라는 사실이에요.


잘하지 못해도 괜찮아요.

하고 있다는 것이 중요해요.


어떤 상황에서도 늘 내 편이 되어 주는

사랑하는 사람들을 기억할 거예요.

## 해야 하는 일을 먼저 할 거예요

시간을 지혜롭게 사용하면
할 수 있는 일이 더 많아져요.

지금 꼭 해야 하는 일에 먼저 **집중하면**
하루를 여유롭게 보낼 수 있어요.

 • 집중하다: 한 가지 일에 모든 힘을 쏟아붓다.

**생각이 자라나도록 이런 말을 나에게 들려주면서 꿈을 간직해 보아요.**

시간을 지혜롭게 사용하면

할 수 있는 일이 더 많아져요.

지금 꼭 해야 하는 일에 먼저 집중하면

하루를 여유롭게 보낼 수 있어요.

## 세상을 더 잘 이해하게 해 주는 말이 있어요

비가 내리는 풍경만 보며 사는 사람은
해가 쨍쨍한 풍경을 상상할 수 없어요.
상상할 수 없으면 이해할 수도 없지요.

그럴 땐 조금 더 다가가서
알아보려 노력해 보는 거예요.
세상에는 이해하면 좋은 것들이 정말 많아요.

**오늘의 단어**
• 풍경: 산이나 들, 강, 바다 따위의 자연이나 지역의 모습.

**생각이 자라나도록 이런 말을 나에게 들려주면서 꿈을 간직해 보아요.**

비가 내리는 풍경만 보며 사는 사람은

해가 쨍쨍한 풍경을 상상할 수 없어요.

상상할 수 없으면 이해할 수도 없지요.


그럴 땐 조금 더 다가가서

알아보려 노력해 보는 거예요.

세상에는 이해하면 좋은 것들이 정말 많아요.

# 천천히 걸어도 괜찮아요

내가 천천히 걷는 이유는 느려서가 아니라
과정을 소중히 여기는 마음이 있어서예요.

나에게 부족하거나 없는 것을 생각하기보다는
내 안에 있는 걸 생각할 거예요.
그러면 웃을 일이 훨씬 많아질 테니까요.

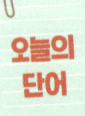

- 과정: 일이 되어 가는 순서.
- 부족하다: 필요한 양이나 기준에 미치지 못해 못마땅하다.

**생각이 자라나도록 이런 말을 나에게 들려주면서 꿈을 간직해 보아요.**

내가 천천히 걷는 이유는 느려서가 아니라

과정을 소중히 여기는 마음이 있어서예요.


나에게 부족하거나 없는 것을 생각하기보다는

내 안에 있는 걸 생각할 거예요.

그러면 웃을 일이 훨씬 많아질 테니까요.

# 가치를 발견하게 해 주는 말이 있어요

오래된 컵은 더럽다고 버리면
단지 쓰레기에 **불과하지만**,
내가 물감으로 멋지게 칠하면
연필통으로 쓸 수 있어요.

길에 굴러다니는 평범한 돌도
정성스레 **다듬어서** 무언가를 만든다면
다른 가치를 발견할 수 있지요.

- 불과하다: 그 수준을 넘지 못한 상태이다.
- 다듬다: 필요 없는 부분을 떼고 깎아 쓸모 있게 만들다.

**생각이 자라나도록 이런 말을 나에게 들려주면서 꿈을 간직해 보아요.**

오래된 컵은 더럽다고 버리면

단지 쓰레기에 불과하지만,

내가 물감으로 멋지게 칠하면

연필통으로 쓸 수 있어요.


길에 굴러다니는 평범한 돌도

정성스레 다듬어서 무언가를 만든다면

다른 가치를 발견할 수 있지요.

### 생각 연습

## 평범한 하루에 행복을 더해 보세요

'감사합니다'라는 말을 자주 하면,

오히려 나에게 감사할 일이 많이 생겨요.

'감사합니다'라는 말은

좋은 소식을 주는 행운의 말이거든요.

오늘은 소중한 사람에게

감사한 마음을 표현하며 하루를 보내 봐요.

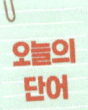
오늘의 단어

- 감사하다: 남이 베풀어 준 친절이나 도움 따위에 마음이 흐뭇하고 즐거운 데가 있다.
- 행운: 좋은 운수. 또는 행복한 운수.

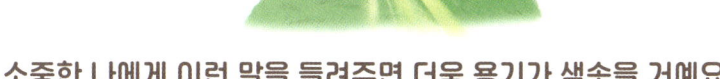

**소중한 나에게 이런 말을 들려주면 더욱 용기가 샘솟을 거예요.**

나는 '감사합니다'라는 말을 하루에 몇 번이나 할까요?

_____

오늘 '감사합니다'를 미처 말하지 못했던 순간이 있나요?

_____

오늘 가장 감사했던 일 한 가지를 알려 주세요.

_____

감사하다는 생각을 가지면 어떤 마음이 드나요?

_____

## 나는 성장의 씨앗을 품고 있어요

누구나 성장의 씨앗을 품고 있어요.
다만 피어나는 시기가 다를 뿐이죠.

꽃밭의 풀들이 봄이 되면 꽃을 피우듯이
나도 언젠가는 나만의 꽃을 피워 낼 거예요.

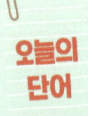

- 성장: 사람이나 동식물 따위가 자라서 점점 커짐.
- 씨앗: 앞으로 커질 수 있는 가능성을 비유적으로 이르는 말.

**생각이 자라나도록 이런 말을 나에게 들려주면서 꿈을 간직해 보아요.**

누구나 성장의 씨앗을 품고 있어요.

다만 피어나는 시기가 다를 뿐이죠.

꽃밭의 풀들이 봄이 되면 꽃을 피우듯이

나도 언젠가는 나만의 꽃을 피워 낼 거에요.

## 52
## 남들이 뭐라고 하든 내 생각을 펼칠 거예요

나에게는 잠재력이 있어요.

난 무엇이든 할 수 있으니까
남들이 뭐라고 하든
내 생각을 실천해 갈 거예요.

오늘 하루는
나에게 주어진 가장 큰 재산이니까요.

**오늘의 단어**
· 잠재력: 겉으로 드러나지 않고 속에 숨어 있는 힘.

**생각이 자라나도록 이런 말을 나에게 들려주면서 꿈을 간직해 보아요.**

나에게는 잠재력이 있어요.

난 무엇이든 할 수 있으니까

남들이 뭐라고 하든

내 생각을 실천해 갈 거에요.

오늘 하루는

나에게 주어진 가장 큰 재산이니까요.

## 53

# 세상을 바라보는 좋은 안경이 있어요

안경을 쓰면 세상이 선명해지듯,

좋은 마음이라는 렌즈로 세상을 바라보면

지금까지 발견하지 못한 좋은 것이 보일 거예요.

희망은 믿는 사람에게만

자신의 품을 허락한대요.

**오늘의 단어**
- 희망: 앞으로 잘될 수 있는 가능성.
- 허락하다: 청하는 일을 하도록 들어주다.

**생각이 자라나도록 이런 말을 나에게 들려주면서 꿈을 간직해 보아요.**

안경을 쓰면 세상이 선명해지듯,

좋은 마음이라는 렌즈로 세상을 바라보면

지금까지 발견하지 못한 좋은 것이 보일 거예요.


희망은 믿는 사람에게만

자신의 품을 허락한대요.

## 오늘 나의 기분을 말로 정해요

매일이 즐거울 수는 없어요.
하지만 즐거운 일은 매일 생길 수 있어요.
즐거움은 내가 스스로 찾는 거니까요.

내 기분은 나만 정할 수 있어요.
오늘 내 기분은 '행복'으로 정할래요.

**오늘의 단어**
• 행복: 삶에서 충분한 만족과 기쁨을 느끼어 흐뭇함.

**생각이 자라나도록 이런 말을 나에게 들려주면서 꿈을 간직해 보아요.**

매일이 즐거울 수는 없어요.

하지만 즐거운 일은 매일 생길 수 있어요.

즐거움은 내가 스스로 찾는 거니까요.


내 기분은 나만 정할 수 있어요.

오늘 내 기분은 '행복'으로 정할래요.

## 뜻밖의 선물을 받게 되는 말을 써요

하기 싫다고 하지 않으면
후회라는 '나쁜 감정'이 남아요.

그런데 하기 싫어도 열심히 하면
'좋은 결과'라는 선물을 받을 수 있어요.

**오늘의 단어**
- 후회: 이전의 잘못을 깨치고 뉘우침.

생각이 자라나도록 이런 말을 나에게 들려주면서 꿈을 간직해 보아요.

하기 싫다고 하지 않으면

후회라는 '나쁜 감정'이 남아요.


그런데 하기 싫어도 열심히 하면

'좋은 결과'라는 선물을 받을 수 있어요.

> 생각 연습

## 지쳤거나 걱정될 때 힘이 나는 말을 읽어요

힘들 때는 오히려 더 환하게 웃어요.

그러면 좋은 소식이 찾아올지도 몰라요.

희망은 그것을 부르는 사람만이 가질 수 있으니까요.

남들보다 조금 **뒤처진다**고 걱정하지 말아요.

어제의 나보다 오늘의 나는

조금 더 앞으로 **전진했으니까요**.

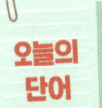
오늘의 단어
- 뒤처지다: 어떤 수준이나 무리에 들지 못하고 뒤로 처지거나 남게 되다.
- 전진하다: 앞으로 나아가다.

**소중한 나에게 이런 말을 들려주면 더욱 용기가 샘솟을 거예요.**

힘들 때마다 나는 어떤 표정을 짓나요?

_____

내가 가장 멋지다고 생각하는 내 표정은 무엇인가요?

_____

힘들 때에도 멋진 표정을 짓는다면 마음이 어떨까요?

_____

앞으로 나아가려는 나를 보듬어 주는 말을 들려주세요.

_____

# 무엇이든
# 해낼 수 있게 해 주는
# 성장의 말 11

## 가능성

# 나는 끊임없이 배워요

공부는 누가 시켜서 하는 게 아니에요.
누가 시켜서 공부를 하게 되면
자꾸 머뭇거리며 시작하지 못하게 돼요.
억지로 한다는 생각이 드니까요.

배우겠다는 마음으로 주변을 둘러보면
자연스럽게 매일 새로운 것을 배울 수 있어요.
나는 스스로 공부하는 지혜로운 아이예요.

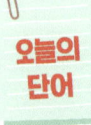
- 머뭇거리다: 말이나 행동 따위를 선뜻 하지 못하고 자꾸 망설이다.
- 억지로: 내키지 않아 무리한 정도로.

**날마다 성장하는 나에게 이런 말을 들려주면 더욱 마음이 튼튼해질 거예요.**

공부는 누가 시켜서 하는 게 아니에요.

누가 시켜서 공부를 하게 되면

자꾸 머뭇거리며 시작하지 못하게 돼요.

억지로 한다는 생각이 드니까요.


배우겠다는 마음으로 주변을 둘러보면

자연스럽게 매일 새로운 것을 배울 수 있어요.

나는 스스로 공부하는 지혜로운 아이예요.

## 시험은 높은 점수를 받으려고 보는 게 아니에요

시험은 높은 점수를 받으려고 보는 게 아니에요.
그렇게 시험을 보면 떨리고 불안하기만 해요.
이제는 이렇게 생각할 거예요.

'시험은 그동안 내가 배운 것들이
어느 정도의 수준인지 점검하는 시간이야.
또한 더 배울 부분이 무엇인지
깨닫는 순간이기도 해.'

 • 점검하다: 낱낱이 검사하다.

**날마다 성장하는 나에게 이런 말을 들려주면 더욱 마음이 튼튼해 질 거예요.**

시험은 높은 점수를 받으려고 보는 게 아니에요.

그렇게 시험을 보면 떨리고 불안하기만 해요.

이제는 이렇게 생각할 거예요.


'시험은 그동안 내가 배운 것들이

어느 정도의 수준인지 점검하는 시간이야.

또한 더 배울 부분이 무엇인지

깨닫는 순간이기도 해.'

## 시험 점수에 마음이 흔들릴 때가 있어요

시험 점수 때문에 속상할 때가 있어요.
그럴 때는 이렇게 말해요.

"최선을 다했으니 괜찮아.
다음에는 진짜 내 실력을 보여 줄 수 있고,
나는 한계를 극복하며 성장할 수 있어."

- 한계: 사물이나 능력, 책임 따위가 실제 미칠 수 있는 선.
- 극복: 나쁜 조건이나 고생 따위를 이겨 냄.

**날마다 성장하는 나에게 이런 말을 들려주면 더욱 마음이 튼튼해질 거예요.**

시험 점수 때문에 속상할 때가 있어요.

그럴 때는 이렇게 말해요.


"최선을 다했으니 괜찮아.

다음에는 진짜 내 실력을 보여 줄 수 있고,

나는 한계를 극복하며 성장할 수 있어."

## 59 말이 아닌 행동이 중요해요

내가 무엇을 배웠는지 제대로 알고 싶을 때는
내가 하는 말이 아닌 행동을 볼 거예요.

무엇을 배웠는지
가장 잘 설명해 주는 것은
말보다는 행동이니까요.

그래서 나는 오늘도
배운 것을 행동으로 옮기려고 해요.

- 제대로: 원래 있는 그대로.
- 설명하다: 어떤 일이나 내용을 남들이 잘 알 수 있도록 밝혀서 말하다.

**날마다 성장하는 나에게 이런 말을 들려주면 더욱 마음이 튼튼해 질 거예요.**

내가 무엇을 배웠는지 제대로 알고 싶을 때는

내가 하는 말이 아닌 행동을 볼 거예요.


무엇을 배웠는지

가장 잘 설명해 주는 것은

말보다는 행동이니까요.


그래서 나는 오늘도

배운 것을 행동으로 옮기려고 해요.

# 성취감은 무엇과도 바꿀 수 없는 기쁨을 줘요

힘든 일을 해냈을 때의 **성취감**은
무엇과도 바꿀 수 없는 기쁨을 줘요.

무엇이든 끝날 때까지 계속해야 알 수 있어요.
**짐작**으로는 알 수 없는 행복이 그 안에 있지요.

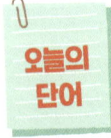
- 성취감: 목표를 이루었다는 느낌.
- 짐작: 사정이나 형편 따위를 어림잡아 헤아림.

**날마다 성장하는 나에게 이런 말을 들려주면 더욱 마음이 튼튼해질 거예요.**

힘든 일을 해냈을 때의 성취감은

무엇과도 바꿀 수 없는 기쁨을 줘요.

무엇이든 끝날 때까지 계속해야 알 수 있어요.

짐작으로는 알 수 없는 행복이 그 안에 있지요.

**61**

## 공부는 세상에서 가장 진실한 친구예요

공부하는 시간은 나에게
노력하는 시간의 가치와
깊이 생각하면 뭐든 깨닫게 된다는
멋진 사실을 알려 줘요.

공부는 세상에서 가장 진실한 친구예요.
절대로 나를 속이지 않고,
시간과 공을 들인 만큼 나를 성장하게 하니까요.

**오늘의 단어**
- 진실하다: 마음에 거짓이 없이 순수하고 바르다.
- 공: 일을 마치거나 목적을 이루는 데 들인 노력과 애씀.

**날마다 성장하는 나에게 이런 말을 들려주면 더욱 마음이 튼튼해 질 거예요.**

공부하는 시간은 나에게

노력하는 시간의 가치와

깊이 생각하면 뭐든 깨닫게 된다는

멋진 사실을 알려 줘요.


공부는 세상에서 가장 진실한 친구예요.

절대로 나를 속이지 않고,

시간과 공을 들인 만큼 나를 성장하게 하니까요.

생각 연습

## 우선순위를 알고 행동으로 옮길 수 있어요

지금 막 끓인 맛있는 라면이랑

빵 하나가 식탁에 놓여 있다면,

무얼 먼저 먹어야 할까요?

당연히 불기 전에 라면을 먼저 먹어야겠지요.

이처럼 세상에는 먼저 해야 하는 일이 있는데

그것을 우선순위라고 불러요.

오늘의 단어

- 우선순위: 어떤 일을 먼저 할 수 있는 차례나 위치.

**소중한 나에게 이런 말을 들려주면 더욱 용기가 샘솟을 거예요.**

내가 이번주에 해야 하는 일들을 적어 보아요.

_____

그중에 우선순위인 일은 무엇인가요?

_____

나는 우선순위인 일을 먼저 해내고 있나요? 엄마, 아빠에게도 한번 여쭤 보아요.

나: _____

엄마, 아빠: _____

**62**

# 나는 나만의 길을 잘 찾아가고 있어요

세상에 쉬운 길은 없지만

반복하면 조금씩 수월해질 거예요.

가끔은 길을 잃어도 괜찮아요.

계속해서 걷다 보면,

몰랐던 또 다른 길을 만날 수 있으니까요.

 오늘의 단어  • 수월하다: 까다롭거나 힘들지 않아 하기가 쉽다.

**날마다 성장하는 나에게 이런 말을 들려주면 더욱 마음이 튼튼해질 거예요.**

---

세상에 쉬운 길은 없지만

반복하면 조금씩 수월해질 거예요.


가끔은 길을 잃어도 괜찮아요.

계속해서 걷다 보면,

몰랐던 또 다른 길을 만날 수 있으니까요.

## 63

## 세계 최고의 요리는 어떻게 만들어질까요?

세계 최고의 실력을 가진 요리사라고 해도
식재료를 눈으로 노려보기만 해서는
요리가 완성되지 않아요.

생각만 하기보다는 실천에 옮겨야
원하는 결과를 만들어 낼 수 있어요.

오늘의 단어
- 식재료: 음식을 만드는 데에 쓰는 재료.
- 노려보다: 어떠한 대상을 매섭게 계속 바라보다.

**날마다 성장하는 나에게 이런 말을 들려주면 더욱 마음이 튼튼해질 거예요.**

세계 최고의 실력을 가진 요리사라고 해도

식재료를 눈으로 노려보기만 해서는

요리가 완성되지 않아요.


생각만 하기보다는 실천에 옮겨야

원하는 결과를 만들어 낼 수 있어요.

## 책 읽는 시간만큼 소중한 것이 있어요

독서도 중요한 활동이지만,
책을 읽지 않는 시간 역시 소중해요.
책을 읽지 않을 때에도
나를 둘러싼 세상을 읽을 수 있으니까요.

시간은 언제나 소중해요.
나에게 주어진 1초까지도
아껴 쓸 거예요.

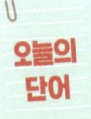

- 역시: 어떤 것을 두고 그것과 같게.

**날마다 성장하는 나에게 이런 말을 들려주면 더욱 마음이 튼튼해질 거예요.**

독서도 중요한 활동이지만,

책을 읽지 않는 시간 역시 소중해요.

책을 읽지 않을 때에도

나를 둘러싼 세상을 읽을 수 있으니까요.


시간은 언제나 소중해요.

나에게 주어진 1초까지도

아껴 쓸 거예요.

## 65 후회는 세상에서 가장 큰 낭비예요

시간을 함부로 쓰는 것보다
더 큰 낭비가 있어요.

바로 시간을 낭비했다는 사실을 후회하느라
시간을 또다시 낭비하는 거예요.

후회할 시간이 있다면
나는 지금 해야 할 일을 할 거예요.

오늘의 단어 • 낭비하다: 시간이나 재물 따위를 헛되이 헤프게 쓰다.

**날마다 성장하는 나에게 이런 말을 들려주면 더욱 마음이 튼튼해질 거예요.**

시간을 함부로 쓰는 것보다

더 큰 낭비가 있어요.


바로 시간을 낭비했다는 사실을 후회하느라

시간을 또다시 낭비하는 거예요.


후회할 시간이 있다면

나는 지금 해야 할 일을 할 거예요.

## 66 좋은 선택을 하려면 늘 생각하고 있어야 해요

밤에는 의자를 사지 않는다는 말이 있어요.

너무 **고단해서** 앉고 싶은 마음에

모든 의자가 좋아 보이기 때문이지요.

그렇게 아무 의자나 사게 되면

다음 날 후회하게 되니까요.

좋은 선택을 하려면

늘 그것에 대해 생각하고 있어야 해요.

그래야 지혜롭게 **결정할** 수 있어요.

오늘의 단어

- 고단하다: 몸이 지쳐서 느른하다.
- 결정하다: 행동이나 태도를 분명하게 정하다.

**날마다 성장하는 나에게 이런 말을 들려주면 더욱 마음이 튼튼해질 거예요.**

밤에는 의자를 사지 않는다는 말이 있어요.

너무 고단해서 앉고 싶은 마음에

모든 의자가 좋아 보이기 때문이지요.

그렇게 아무 의자나 사게 되면

다음 날 후회하게 되니까요.


좋은 선택을 하려면

늘 그것에 대해 생각하고 있어야 해요.

그래야 지혜롭게 결정할 수 있어요.

> 생각 연습

## 내 하루를 성장하게 하는 말이 있어요

아침에 일어나면 소중한 나를 응원해 줘요.

잠들기 전에는 부족한 나를 용서해 줘요.

오늘 못다 한 일에 대한 후회보다는

내일 잘해 낼 거라는 희망을 품어 봐요.

**치열하게** 배우고 **분투한** 시간이 쌓이면

어떤 두려움도 이겨 낼 수 있는

단단한 내가 될 거예요.

**오늘의 단어**
- 치열하다: 힘이나 태도가 불길같이 사납고 세다.
- 분투하다: 있는 힘을 다하여 싸우거나 노력하다.

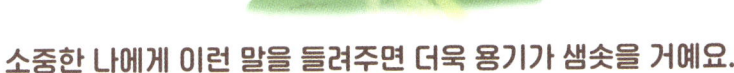

**소중한 나에게 이런 말을 들려주면 더욱 용기가 샘솟을 거예요.**

아침에 나를 응원하는 말을 써 보세요.

_____

잠들기 전 나를 용서하는 말을 써 보세요.

_____

오늘도 열심히 배운 나에게 감사의 말을 전해 보세요.

_____

따라 쓰기만 해도 마음의 키가 한 뼘 자라는
## 아이의 어휘력을 위한
## 66일 필사 노트

**초판 1쇄 발행** 2025년 4월 30일
**초판 5쇄 발행** 2025년 10월 21일

**지은이** 김종원
**그린이** 하꼬방
**펴낸이** 민혜영
**펴낸곳** 데이스타
**주소** 서울특별시 마포구 월드컵로14길 56, 3~5층
**전화** 02-303-5580 | **팩스** 02-2179-8768
**홈페이지** www.cassiopeiabook.com | **전자우편** editor@cassiopeiabook.com
**출판등록** 2012년 12월 27일 제2014-000277호

ⓒ김종원·하꼬방, 2025
ISBN 979-11-6827-303-0  73800

이 책은 저작권법에 따라 보호받는 저작물이므로 무단 전재와 무단 복제를 금지하며,
이 책의 전부 또는 일부를 이용하려면 반드시 저작권자와 (주)카시오페아 출판사의
서면 동의를 받아야 합니다.

- 데이스타는 (주)카시오페아 출판사의 어린이·청소년 브랜드입니다.
- 잘못된 책은 구입하신 곳에서 바꿔 드립니다.
- 책값은 뒤표지에 있습니다.